Jean-Christophe Michaux

RENAISSANCE
Recueil de textes
Ne plus devenir fou

Préface

Écrire une préface, ce n'est pas anodin. Surtout lorsqu'il s'agit d'un recueil de poèmes. Qui plus est lorsque ces poèmes sont ouvertement présentés par l'auteur comme autobiographiques.

D'abord parce que lire ces 30 poèmes, c'est entrer dans un certain rythme : ponctuer, scander les phrases, s'y laisser bercer, s'y balancer jusqu'à ce que les mots nous parviennent par groupes de syllabes et coulent sur nous comme une chanson. Faites-en l'expérience : lisez d'affilée plusieurs poèmes de ce recueil, et vous vous mettrez mystérieusement à prononcer vos propres pensées en vers ou en strophes ! Pour un peu, Jean-Christophe Michaux fait de ses lecteurs des poètes !

Mais il y a autre chose. Non seulement les poèmes nous embarquent sur la houle de leurs vers, mais ils nous embarquent surtout à bord des états d'âme du poète. Or Jean-Christophe Michaux dévoile tout dans ses poèmes, tout ! C'est d'une intimité intimidante… S'il s'agissait de louer la beauté des femmes, d'effeuiller les roses, de souffrir l'absence, d'écouter la nuit… ce serait poétique, universel et abstrait, écrire une préface serait plus simple. Là, c'est la même chose, sauf que Jean-Christophe Michaux ne laisse rien à l'abstrait : il se met à nu. Tout ici est universel, et rien n'est impersonnel. Voilà pourquoi écrire une préface à ce livre, ce n'est pas anodin.

Renaissance. C'est le titre du présent ouvrage. Il fait suite à un autre recueil de poèmes intitulé *À la dérive*. Évidemment, on peut lire les poèmes indépendamment les uns des autres, à voix haute et très lentement, c'est déjà un plaisir comme boire un bon vin. Mais les lire à la suite, c'est découvrir en filigrane les mille et un morceaux d'une histoire. Et en définitive, à travers tout ce qui n'est pas dit, c'est éveiller l'imagination du lecteur, au point qu'à la fin, c'est lui qui se surprend à faire des liens, à réécrire l'histoire que le recueil sous-tend. Et voilà les lecteurs qui s'improvisent écrivains ! Merci Jean-Christophe Michaux !

Béatrice Pardossi-Sarno

États d'Âme
Et autres plaisirs

Laisse-moi prendre tes mains

Laisse-moi prendre tes mains, te serrer contre moi.
Je veux te faire danser, te faire rire aux éclats.
Laisse-moi te charmer et faire mon cinéma.
Ce soir, jusqu'à demain, je ne pense qu'à toi.

La nuit nous appartient et ton plaisir est roi.
Laisse-moi t'embrasser à chacun de nos pas,
Qu'ainsi les pavés n'oublient pas ces amants-là.
Que rien, absolument rien, n'empêche notre joie.

Cette musique au loin, c'est une fête sur les toits.
Allons nous y amuser, elle est là pour ça.
Je te promets les clés des sept cieux, tu verras.
Nous avons tant besoin d'insouciance, parfois.

Et au petit matin, enveloppée dans la soie,
Le corps rassasié, tu étendras les bras,
Tes yeux illuminés, encore, par nos ébats.
Je partirai serein vers notre prochaine fois.

La belle aux couleurs

Le vent du Sud déjà se lève
Et rafraîchit l'après-midi.
Qu'elle est bien douce, cette trêve
Dans la chaleur du Midi.

L'eau transparente de la piscine
Est perturbée de temps en temps
Par le frottement de la glycine
Et par le long souffle du vent.

Derrière le noir de ses lunettes
Je ne sais vraiment si elle dort,
Ou si, joueuse, elle guette
Mon regard posé sur son corps.

Les longues boucles châtain clair
De ses cheveux encore mouillés
Se jouent, habiles, des courants d'air
Et semblent vouloir me charmer.

Toutes les couleurs de sa peau
Gravées, bien encrées dans sa chair,
M'ont hypnotisé aussitôt.
Kaléidoscope de lumières.

Combien de temps suis-je resté là
A la regarder, rayonnante ?
Dans son écrin de Baccarat,
Perle de nacre fascinante.

Laisser faire

Un sourire,
Un regard,
Le plaisir
De se voir.
Un parfum
Qui m'entraîne,
Et sa main
Dans la mienne.

Une silhouette
Élancée.
Est-elle prête
À danser ?
Je la vois
Différente
À chaque fois
Qu'elle me tente.

Ce marron
Dans ses yeux,
Plus profond
Que les cieux.
Elle espère,
Se maquille.
Je m'y perds
Quand ils brillent.

Simplement
Avec elle.
Ami-amant,
C'est sensuel.

Laisser faire
L'émotion.
Ce mystère
Est si bon.

Oublie-moi

Oublie-moi, maudis-moi.
Je ne vaux pas ta peine.
Ne t'attache surtout pas,
Tes larmes seront vaines.

Tu me dis que tu m'aimes,
Que tu es faite pour moi.
Que tu vis ma vie, même.
Mais moi, je n'en veux pas.

Tu te trompes, reprends-toi
Avant que vienne la haine.
Je ne suis pas pour toi,
Je brise toutes ces chaînes.

Laisse-moi ce dilemme,
Partir encore une fois ?
Les morceaux que je sème
Ne se ramassent pas.

Maudis-moi, oublie-moi.
Là où mon pas m'entraîne
L'amour ne se trouve pas.
Mon orgueil m'enchaîne

Aurons-nous le temps ?

Les cigarettes s'enchaînent à un rythme effréné
Les verres s'entrechoquent tel un carillon d'été
Les rires remplissent la pièce, besoin de s'évader
Les musiques psychédéliques coulent et font rêver

Les mégots s'entassent en vrac dans le cendrier
Les bouteilles de vin se bousculent, vidées
Les esprits s'éteignent doucement, si brouillés
Les chansons tristes de Christophe y ont aidé

Les fumées se transforment en volutes bleutées
Les alcools soulagent les peines trop ancrées
Les âmes folles s'envolent pour ne plus retomber
Les instruments se taisent maintenant à jamais

Ce matin

Allongé sur le dos
Dans l'herbe du jardin,
Les yeux encore mi-clos,
J'entends dans le lointain
Les cris, en écho,
Des oiseaux du matin.

Mésanges et passereaux,
Pinsons et serins,
M'observent de là-haut.
Que fait donc cet humain
Déjà dehors, si tôt ?
Puis reprennent leurs chemins.

Dans un pré, des chevaux
Terminent une botte de foin.
Je devine aussitôt
Les mères et leurs poulains.
Un trot puis un galop
Ils sont maintenant loin.

Il va sûrement faire beau
Le soleil perce enfin.
Ses rayons, déjà chauds
Me caressent les mains,
Et lorsqu'il sera haut
L'aventure prendra fin.

Doucement les oiseaux,
Par leurs chants aériens,

Envahissent mon cerveau.
Mon âme leur tend la main,
Les enveloppe aussitôt.
Alors je pars serein.

Souvenirs

Ces surfeurs domptant les vents
Et se jouant des éléments
Me rappellent un émoi grisant,
Un coup de cœur, un embrasement
Pour des cheveux étincelants.

Elle n'est pas loin, finalement,
Cette Californie et ses vents
A l'origine de sentiments
Évoluant avec le temps.
Où en sont-ils maintenant ?

Soudains, intrusifs, déroutants,
Mais avant tout, changeants.
Comme les reflets scintillants
De ta mer aux couleurs argent.
A jamais je suis ton amant.

A la longue

Son absence et toutes ses fuites inévitables
Te laissent si vulnérable, inconsolable.
Et vos rencontres sous ces soleils aléatoires
Te figent, hélas, dans un simulacre d'histoire.

Ses mots indistincts qui s'échappent avec le vent,
La paralysie absurde de vos sentiments,
L'audace insensée de ses réponses à tes besoins
T'effraient et, sournois, kidnappent tes lendemains.

Votre affinité envolée, ces moments à deux,
Souvenirs d'un long regard posée sur tes yeux,
Son imposture hypnotisante et délicate,
T'enveloppent de chimères écarlates.

Merci à cette amie d'avoir partagé avec moi quelques-uns
de ses écrits qui m'ont inspiré ce texte.

La ville, la nuit

Lorsque, magique, la ville s'éclaire,
Et s'illumine à la tombée du jour.
Elle revêt, alors, ses plus beaux atours
Pour ainsi nous séduire, pour nous plaire.

C'est à ce moment-là que je revis,
Lorsque tous les bâtiments sont beaux,
Quand, enfin, toutes les couleurs de peaux
Se mélangent et s'ouvrent à la nuit.

Les terrasses noircissent, même en hiver,
Les théâtres se remplissent à leur tour.
J'apprécie la pluie tombant dans les cours.
Il est temps de sortir de ma tanière.

Je déambule les mains dans les poches.
Les rues pavées sont les boulevards
Où se retrouve la foule des soirs
Et où les âmes sœurs se rapprochent.

L'averse est passée, les rues scintillent.
Dehors, les gens rallument leurs cigarettes.
A vrai dire rien, ô non, ne les arrête
A nouveau la foule s'éparpille.

Jusqu'au petit matin je marche ainsi,
Je m'abreuve de cette vie nocturne.
La ville, la nuit, est bien moins taciturne
Lorsque les passants désertent leurs lits.

T'emmener

A moins que la mort m'en empêche,
Je t'emmènerai en Toscane,
Dans un tout petit port de pêche,
Sous l'œil de Vittorio Gassman

Je t'offrirai mon amantié
Et mes plaisirs essentiels.
Flâner, danser, boire et aimer ;
Tous ces plaisirs intemporels.

Des fenêtres de notre chambre,
S'élèveront nos rires, nos chants.
Et de janvier à décembre,
Nos soupirs étouffés, souvent.

Les couleurs vives des façades
De ces petites maisons de ville
Illumineront nos balades.
Comme autant de raisons futiles.

Flânant dans les rues pavées,
Nous marcherons sous le soleil
Du pas toujours gai et léger
Qu'ont ceux que tout émerveille.

A l'ombre de jolies pergolas,
Par des sourires malicieux,
Les passants célèbreront, là,
La beauté de nos jours heureux.

Et m'arrêtant à chaque pas,
Avant que ne monte la fièvre,
Je t'envelopperai de mes bras
Et embrasserai tes lèvres.

Assis contre les oliviers
Ou adossés à la fontaine
Je saurai te faire rêver
Par cette vie à l'italienne.

Et même si c'est trop court,
Si ça ne dure qu'un moment,
Tu auras savouré ces jours
Comme une bouffée, hors du temps.

Maintenant, viens tout contre moi.
Oublie-le, ne pense plus à lui.
Ferme les yeux, évade-toi.
Je t'emmènerai, mon amie.

Variation en « ille »

La plus jolie des filles
De toute Vintimille
C'est sûrement Camille,
Et son parfum vanille.

Mon argent je gaspille
En bouquets de jonquilles
Et en tartes aux myrtilles
Pour que son cœur vacille.

Quand elle se déshabille,
Qu'elle quitte ses bas-résilles,
Ses lèvres elle mordille
Et moi ça m'émoustille.

Mes yeux s'écarquillent
Sur ses fines chevilles,
Sur sa peau qui scintille,
Et ses noires pupilles.

Sur un lit de brindilles
Elle devient très gentille.
Pas besoin d'escadrille
Pour prendre cette bastille.

Parfois, elle me houspille,
Du regard me fusille,
Lorsque je m'éparpille
Ou que je m'entortille.

A l'abri des charmilles
Pas question de camomille,
Jamais on ne roupille
Devant la belle Camille.

Colibri

J'ai laissé s'envoler un joli colibri.
Ne sachant décider, c'est lui qui a choisi.
De mon esprit égaré, il s'est enfui.

Les moments de volupté n'auront pas suffit,
Désirs avoués et tendresse infinie.
Il faut vouloir donner pour bâtir une vie.

L'égoïste liberté voulue aujourd'hui
Apportera des regrets mâtinés de pluie.
Mieux vaut s'en aller bien avant la nuit.

Mes nuits aujourd'hui

Mes nuits aujourd'hui
Sont plus belles que mes jours.
J'y rejoins mes amies,
Mes délicieuses amantes.
Dans une douce folie,
Rythmée par l'amour,
La raison s'enfuit
Et demeure impuissante.

Mes nuits aujourd'hui
Sont faites de velours,
D'étreintes meurtries
Et d'obsessions fuyantes.
Une étrange mélodie
M'enveloppe à son tour
Et, de mon corps sans vie,
S'échappe, aliénante.

Mes nuits aujourd'hui
Jouissent sans détour
De mes rêves noircis
Par des visions planantes.
Envahies par les cris
Des points de non-retour,
Elles enflamment mon lit
De ces joies éreintantes.

Texte inspiré du titre du roman de Raphaëlle Billedoux
"Mes nuits sont plus belles que vos jours"

Tourbillon

Tu es mon démon et mon ange gardien,
Tu es ma conscience et mon ultime déraison,
Tu es la boule au ventre et le cœur sur la main,
Tu es l'antidote et ce satané poison.

> Je ne sais comment t'aimer
> Sans te briser les reins.
> Et ce baiser volé
> N'était qu'une illusion.
> Comment le terminer,
> Ce jeu n'en est plus un.
> Je me suis libéré
> D'un sentiment profond.

Tu es mon passé et je perds mes lendemains,
Tu es ma liberté et ma porte de prison,
Tu es mon espoir et mes doutes sans fin,
Tu es le mirage qui attise ma passion.

> Arriver à partir,
> Reprendre mon chemin.
> Garder les souvenirs
> De notre relation.
> Arriver à réfléchir,
> Reprendre la main
> Sur mes moindres désirs.
> Me poser pour de bon.

Tu es ma drogue douce et je suis le venin
Qui perturbe ton esprit, il en perd la raison.
Tu es mon énergie et je ne suis qu'un frein
À ton bonheur serein, sans aucune question.

Loin de toi

Ma vie est à Paris.
Loin de toi, loin de tout.
Comment vivre aujourd'hui
Une histoire entre nous ?
N'être que ton ami !?
Cela me rendrait fou,
J'en perdrais mon esprit,
Tout me semblerait flou.

Mais qu'est-ce qui t'a pris,
Tu m'as mis à genou ;
Moi qui m'étais promis
De marcher hors des clous.
Je n'sais plus où j'en suis,
Ton image est partout.
Je suis à ta merci,
Et tu me tiens en joue.

Faut-il que je te fuie
Ou que je plaque tout ?
Toi, tu es avec lui
Il t'aime malgré tout.
N'est-ce pas mieux ainsi,
Lui et toi jusqu'au bout ?
Je resterai celui
Qui t'aime comme un fou.

Restent les envies

Je veux t'embrasser, te câliner,
Te prendre dans mes bras.
Je veux te caresser, te frôler,
Te rejoindre dans tes draps.
Je veux tes grands yeux, ton sourire,
Ta chevelure flamboyante.
Je veux tes silences, tes soupirs,
Tes courbes fascinantes.
Je veux dessiner sur ton corps,
Tes désirs les plus profonds.
Je veux découvrir ton trésor,
Ton joyau avide de frissons.
Je veux graver dans ta chair,
Ton extase inassouvie.
Je veux me nourrir de ton air,
Ton souffle asservi.

Je veux m'endormir contre toi,
T'envelopper de ma passion.
Je veux alors rêver avec toi,
T'aimer de mille façons.

Envie de …

Pardonne ma hardiesse
Ma désirable amie,
Mes désirs de tendresse
Bousculent mon esprit.
Je tiens mes promesses
De durer toute la nuit.
Il faut que tu acquiesces,
Satisfasses mes envies
Car ce sont bien tes fesses
Que je veux aujourd'hui.

Vous

Malgré tous ces silences,
Malgré la grande distance,
Voulez-vous encore de moi,
Voulez-vous cette première fois ?
Celle, cent fois imaginée,
Celle qui nous garde éveillés.
Ces gestes sur nos corps nus,
Ces gestes longtemps retenus.

Écrire avec insistance,
Écrire, frustré par l'absence,
À travers les écrans froids,
À travers le rêve parfois,
Une histoire passionnée,
Une histoire inachevée.
Vous êtes là, suspendue.
Vous, mystérieuse inconnue.

Trouver le repos

Un verre de vin
Et les courbes de ton corps.
Et au matin
Te regarder dormir encore.
Thé au jasmin
Dans ce sublime décor.
T'aimer enfin,
Me donner jusqu'à la mort.

Trop incertain,
Mon amour me dévore.
Très libertin,
Mon esprit est-il plus fort ?
Et puis soudain
Vient le temps des remords.
Refaire, en vain,
L'histoire de tous mes torts.

Un verre de vin,
Près de toi je m'endors.
Et au matin
Vouloir arrêter l'aurore.

Réflexions

Les yeux embués,
Soufflant sur son thé,
Sandrine se perd.

Ses histoires ratées,
Autant de pieds de nez,
Sandrine colère.

Les mains sur la tasse,
Assise sur la terrasse,
Sandrine espère.

Cet ami venu tard,
Amant surpris d'un soir,
Est-ce son repère ?

Elle ne demande rien
De plus qu'un chemin.
Rien d'éphémère.

Se poser alors,
Retrouver le confort
D'une vie sincère.

Mes dessins, à dessein

Tu es ma muse, mon inspiration.
Tu es mon amour, mon unique raison
De ne pas sombrer dans la déraison.
Sur toi, au propre comme au figuré,
Je ne peux, moi, qu'écrire la beauté,
La fascination et la pureté.
Il y a, tu le sais, toutes ces fleurs
Et cette multitude de couleurs
Qui, impatiemment, attendent leur heure.
Celle qui te libérera enfin,
Te permettra de suivre ton chemin.
Et je te couvrirai de mes dessins.

Est-ce ainsi ?

À trop dire la vérité,
On en sort parfois meurtri.
Et à ne pas la dire assez,
On en souffre, hélas, aussi.

Nous ne sommes toujours pas prêts.
Le serons-nous vraiment un jour ?
À entendre ce qui déplaît,
Et à l'accepter sans détour.

Ce n'est pourtant pas compliqué
De vivre tous en harmonie.
Un petit peu d'humilité
Et de respect, cela suffit.

Ton chemin

Lorsque je me retourne, je ne te vois plus.
À vouloir prendre du temps, tu as disparue.
Pourtant tu es là, je ne te sens pas perdue ;
Tu auras sûrement tourné au coin de la rue.

Je comprends tes pensées et tes questionnements.
Tu marches ivre et libre, tu marches droit devant.
Puisse la route sinueuse, celle que tu prends,
Te mener à ce bonheur attendu si longtemps.

Accorde-toi ce détour, prends le temps du choix,
Aujourd'hui comme demain, l'important c'est toi.
Les rues se rejoindrons en une seule voie.
Tu te retourneras, et ce sera sur moi.

Recommencement

La première rose était pour toi,
Belle comme ta beauté,
Fraîche comme ton éclat.
Mais elle n'est plus, elle s'est fanée.

La dernière rose sera pour moi,
Seule cet été,
Triste dans ses choix.
À nouveau devoir patienter.

Et après ?

Que reste-t-il de mes folies ?
Un baiser volé, un regard fuyant,
Un parfum emporté par le vent.
Et le doute dans bien des esprits.

        Mon eau-de-vie coule en toi.
        Lumière dans ta nuit, je suis là.

Que reste-t-il de mes envies ?
Une plage, un soleil couchant,
Une confusion des sentiments.
Et le doute comme pire ennemi.

        L'eau de ma vie s'échappe de toi.
        Phare étourdi, je reste là.

Que reste-t-il de mes lubies ?
Une soirée, un corps fascinant,
Un amour à travers le temps.
Et le doute qui perturbe mes nuits.

Canapé Rouge

Sur une plage sous les palmiers,
Dans l'herbe, sous un ciel étoilé,
Sur la banquette d'une voiture,
Debout, plaqué contre un mur,
Sur le cuir d'un canapé rouge.

Dans la douceur d'une nuit d'été,
Sur une table de salle à manger,
Enfouis sous les couvertures,
Au milieu de la nature,
Sur le cuir d'un canapé rouge.

En catimini et bien cachés,
Sous une douche glacée,
En bons adeptes d'Epicure,
Entièrement couverts de peinture,
Sur le cuir d'un canapé rouge.

Par terre devant une cheminée,
Dans la fraîcheur des alizés,
À la fin d'une belle aventure,
Entourés de la plus jolie verdure,
Sur le cuir d'un canapé rouge.

Derrière une porte bien fermée,
À l'abri d'un vent léger,
Dans le recoin d'une salle obscure,
Subjugué par les cambrures,
Sur le cuir d'un canapé rouge.

À finir complètement essoufflés,
Vouloir voir les âmes s'envoler,
En ayant brisé toutes les armures,
D'un sourire de la Côte d'Azur,
Sur le cuir d'un canapé rouge...

Pas de deux

Le Rimmel,
Sous la pluie,
De tes yeux,
Coule aussi.
La nouvelle,
"C'est fini".
Cet aveu
Te détruit.

Qui est-elle,
Cette amie ?
Toutes les deux,
Réunies.
Demoiselle
De minuit,
Les adieux
Sont acquis.

Tu es celle,
Aujourd'hui,
Celle des deux,
Plus meurtrie.
L'étincelle
Dans ta vie
Fais long feu,
C'est fini.

C'était elle,
Toute ta vie,
Pas de deux
Abouti.

Le Rimmel
Est parti
De tes yeux,
C'est ainsi.

Sans fin

J'ai aimé par mégarde
Au détour d'une histoire
J'avais levé ma garde
L'espace d'un soir.

J'ai aimé inconscient
Il est difficile de voir
Une amie différemment
Dans un seul espoir.

J'ai aimé avec passion
Des amours exutoires
Tout n'est alors qu'illusion
Les mots sont dérisoires.

J'aimerai à nouveau
De façon aléatoire
Soulager les maux
Sans la peur du noir.

Plus rien à faire

La nuit est bien avancée et les lumières extérieures éclairent la terrasse. Les volutes de fumées montent vers ces lueurs, lentement elles passent. Au fond du cendrier les mégots, à plusieurs, s'accumulent et s'entassent. La nuit encore m'a tué et j'ai posé mon cœur par terre à côté de ma carcasse. Mon âme embrouillée rumine cette rancœur, à nouveau mes illusions trépassent. Mes entrailles vidées ne me font même plus peur, je suis vraiment à la ramasse.

Les bouteilles d'alcools se vident, mon verre se remplit de trop de mélanges. Les diables en rigolent du fond de leur petit paradis et j'ai perdu mon ange. Toujours les mêmes paroles qui me tiraillent l'esprit, des mots qui me dérangent. Et toutes mes idées folles qui tournent à l'infini dans une torpeur étrange. Je sens que je décolle dans une douceur enfouie, c'est mon corps qui se venge. Ma vie prend son envol vers un autre aujourd'hui et tout en moi s'en arrange.

Des musiques célestes, tel un chant de sirènes, m'attirent et me soudoient. Se répandent comme la peste qui déploie ses chaînes autour de ses proies. Cette envoûtante marche funeste lentement m'entraîne au fond du bois. La Mort alors se manifeste de sa beauté malsaine, se glisse tout contre moi. "Allez viens, ne me déteste", dit-elle sans haine, "il n'y a plus rien pour toi." Et, en silence, d'un geste elle enveloppe ma peine et apaise mon effroi.

...

Le soleil illumine au matin la campagne fraîche de rosée, un vent léger se lève. Guéri d'un indicible chagrin, le regard fixe sur l'éternité et un sourire sur les lèvres, Il est maintenant serein. Soulagé d'une vie ratée, enfin la joie que nul ne lui enlève.

Une rose

Un rouge à lèvre ardent
Sur un visage blanc
Simple trait de crayon
Autour des yeux marrons
De jolis cheveux blonds
Entre courts et mi-longs
Silhouette élégante
Une rose indépendante

Un sourire éclatant
La vie à pleines dents
Le regard si profond
Brillance qui en dit long
Des boucles sur le front
À l'aise sur ses talons
Silhouette fascinante
Une rose surprenante

Je le devine galant
Celui-là qu'elle attend
Silhouette déroutante
Une rose enivrante

Table des matières

États d'Âmes

Livio Éditions
184 Avenue Frédéric Mistral
83110 Sanary-sur-Mer
ISBN : 978-2354550202
Prix de vente TTC : 10€
Dépôt légal : décembre 2018

Couverture : Marie Michaux
Crédit photo : Maya Angelsen
Texte portrait : Stéphane Langelaan
Préface : Béatrice Pardossi-Sarno